Die Fußball-Apotheke

*Für meinen Bruder Henning,
der mein Schreiben von Anfang an
gefördert und begleitet hat.*

Georg Magirius

Die Fußball-Apotheke

Fromme Pillen
für Fans

Mit Fotografien von
Herbert Liedel

echter

Inhalt

1. Befund
Alltagsmüdigkeit
9

2. Befund
Orientierungslosigkeit
13

3. Befund
Einsamkeit
17

4. Befund
Lampenfieber
21

5. Befund
Sehnsucht nach Glück
25

6. Befund
Hoffnung auf Neubeginn
29

7. Befund
Chaosgefühle
33

8. Befund
Überlastung
37

9. Befund
Haltlosigkeit
41

10. Befund
Unkonzentriertheit
45

11. Befund
Übergroße Vorsicht
49

12. Befund
Ungeduld
53

13. Befund
Angst vor drohender Gefahr
57

14. Befund
Scheitern kurz vor dem Ziel
61

15. Befund
Finstere Gedanken
65

16. Befund
Niedriger Blutdruck
69

17. Befund
Verrückte Ideen
73

18. Befund
Entscheidungsschwäche
77

19. Befund
Kopfweh
81

20. Befund
Unterzuckerung
85

21. Befund
Wunsch nach Anlehnung
89

22. Befund
Fehlende Kondition
93

23. Befund
Sehnsucht nach Vollendung
97

24. Befund
Minderwertigkeitsgefühle
101

25. Befund
Verspannung
105

Vorwort

Wenn nichts mehr zu helfen scheint, kann immer noch der Fußball helfen. Aus dieser Überzeugung heraus ist die Fußballapotheke entstanden. Sie schickt den Patienten schlicht und einfach ins Stadion. Zugegeben: Aus medizinischer Sicht ist die Heilkraft eines Fußballspiels noch nicht vollständig nachgewiesen. Doch bereits ein kurzer Blick auf die dargereichten Tipps beweist: Der Fußballsport ist um keine Antwort verlegen, wenn jemand von Schwächen, Infekten, Stimmungsschwankungen oder sonstigen Beschwerden befallen wird. Der Fußball nämlich hilft dank der Dynamik des Unerwarteten. Dazu gibt die Apotheke dem Ratsuchenden stets ein Wort aus den alten biblischen Weisheitsquellen mit auf den Weg ins Stadion. Schließlich verwickelt ein Fußballspiel in die großen, durchaus religiös zu deutenden Fragen des Lebens. Da wird gezittert und gejubelt, es geht um Aufstieg, Abstieg, Scheitern, Zusammenhalt und Augenblicke tiefen Glücks. Mit Gesängen, fantastischen Ideen und unerwarteten Wendungen feiert der Fußball die Leidenschaft des Lebens. Und seine größte Kraft scheint mir die Heiterkeit zu sein.

Aber passt das wirklich zusammen: Fromme Worte und die Welt des Fußballs? Für mich ergänzen sie sich in der Tat: Als Kind liebte ich das Erzählen, mich begeisterten biblische Geschichten. Genauso betörte mich der Sportplatz: Von meinem Zimmer aus konnte ich ihn direkt sehen, mit immer neuen Spielen verzauberte er mich. So ist es geblieben: Religion und Sport halte ich nicht für einander fremde Welten. Beides kann von der Kraft des Heiligen erzählen und heilende Wirkung entfalten. So bin ich, ein Theologe, Erzähler und Journalist, für dieses Buch in den Kittel des frommen Fußballapothekers geschlüpft. Heiter, aber auch mit Hintersinn erzählt es von der Macht des Spiels und der religiösen Leidenschaft. Mögen die frommen Fußballpillen die Herzen hüpfen lassen.

Georg Magirius

1. Befund

Alltagsmüdigkeit

DER FROMME FUSSBALLAPOTHEKER RÄT:

Zieh die gewohnte Kleidung aus und schmücke dich mit Mütze, Fanweste, Trikot und Schal. Sprich dazu die überlieferten Worte: „Du hast mir den Sack der Trauer ausgezogen und mich mit Freude gegürtet, dass ich dir lobsinge und nicht stille werde."

(Psalm 30, 12.13)

Auch Optimisten kann es erwischen. Die Diagnose lautet Alltagsmüdigkeit. Viele fragen mich, den frommen Fußballapotheker: Muss ich mich damit abfinden? Nein. Das Leiden an einer grauen Welt ist verbreitet. Selbst den abenteuerlustigsten Globetrotter kann dieser Befund treffen. Auch ich als Apotheker trage ständig einen weißen Kittel, besonders bunt ist der nicht. Aber es gibt Erste Hilfe. Wer sich verkleidet, kann sich aus den Klauen des Immergleichen retten. Denn das nächste Fußballspiel kommt bestimmt.

Niemand weiß, was passiert, wenn angepfiffen wird. Sicher ist: Es ist das frohe Spiel des Lebens, also schmücke dich zum Fest! Auch ich ziehe den Apothekerkittel aus: Lustiger, verrückter, bunter als jedes Hochzeitskleid ist die Verkleidung der Fans. Niemand lacht, wenn man daneben tickt: Es gibt Anhänger, die tragen Schals im Frühling und Zipfelmützen im Sommer. So gut wie alle haben ein buntes Markenzeichen. Du kannst dich auch mit Emblemen schminken, nicht nur Lippen und Augen, sondern auch die Wangen. So wird der ganze Kopf fußballfroh. Einige tragen Trikots, darauf steht der Name ihres Lieblingsspielers. Die Farben sind ähnlich, dennoch unterscheiden sich die Hemden. Denn jedes Jahr stehen in der Mannschaft neue Spieler, die Trikots bekommen ein anderes Design. Und doch behalten viele aus Treue ihr altes Hemd. Die Zuschauer ähneln einem lebenden Museum: Da sind Trikots, die zehn, zwanzig oder noch mehr Jahre zählen. Namen von Spielern, die längst in Pension gegangen sind oder nicht mehr leben, zieren sie. Aber auch der eigene Name kann über der Rückennummer stehen, was beweist: Zum Team gehören auch die Fans.

Die Verwandlung in einen Stadionbesucher kann bereits Stunden vor dem Spiel beginnen. Am besten schlüpfst du mit Würde ins Gewand – vielleicht sogar so, wie es auch ein Priester tut. Schon zu biblischen Zeiten zogen die Geistlichen Kleider mit wunderbaren Farben über. Sie waren aus Gold, aus blauem und rotem Purpur. Scharlach und feine Leinwand kamen dazu. Auch Namen spielten eine Rolle: Sie waren auf kostbaren Onyxsteinen eingegraben und wurden auf die Schulterteile des Schurzes geheftet. Die Namen lauteten: Ruben, Josef, Benjamin und noch einige mehr. Das sind die zwölf Söhne Jakobs, nach denen auch die Stämme Israels benannt sind. (2. Mose 28)

Das erinnert an die heutige Fankleidung. Als Fan kann man sich zur bunten Priesterschaft zugehörig fühlen. Lass das festliche Gewand nicht zu lange im Schrank! Sondern lege die gewöhnlichen Klamotten ab, damit du mit freier, bunter Seele durch den Alltag wanderst. Und wenn du dich zum Fest in Farbe hüllst, sprich die alten Worte zu Gott: „Du hast mir meine Klage verwandelt in einen Reigen, du hast mir den Sack der Trauer ausgezogen und mich mit Freude gegürtet, dass ich dir lobsinge und nicht stille werde." (Psalm 30,12.13)

2. Befund

Orientierungslosigkeit

DER FROMME FUSSBALLAPOTHEKER RÄT:

Mach dich auf den Weg zum Tempel des Sports. So hast du ein klares Ziel. Der Weg dorthin kann eine Ahnung von der Vision der Völkerreise zum Berg Zion geben: Da kommen Menschen aus allen Gegenden, sie fliegen wie Wolken, wie Tauben flattern sie zu ihrem Schlag. (Jesaja 60,8)

„Wie finde ich ein Ziel im Leben?", fragen oft Kunden in meiner Fußballapotheke. Die Frage entsteht nicht aus Schwäche. Denn wer auf die Suche geht, wird von der Kraft zur Veränderung getragen. Da bricht jemand auf, weiß aber nicht, wohin. Schaut mal in die eine, dann wieder in die andere Richtung. In meiner Apotheke können Suchende zur Ruhe kommen, weil ich ihren Aufbruchswillen nicht dämpfe. Ich weiß: Es gibt ein Ziel, das schöner ist als jeder Apothekenraum. Das sind magische Orte, Kirchen oder heilige Berge. Aber auch ein Stadion zieht an, der Weg ist leicht zu finden. Auf dem Weg zum Stadion ist man vielleicht noch unruhig, aber nicht aus Orientierungslosigkeit, sondern aus Vorfreude.

Im Zug, bereits Stunden vor dem Spiel, sitzen die ersten Fans. Bunte Gestalten, die sich von den übrigen Reisenden abheben. Auf den Straßen sieht man, wie Schals aus Autofenstern flattern. Alle kennen die Richtung. Es kommen nicht nur Fans, sondern auch Neutrale und Vorsichtige, die sich unter die Liebhaber, stummen Beobachter, Fantasten und Exzentriker mischen. Wie Völkerschaften pilgern sie zum Stadion. Sie fliegen wie Wolken, wie Tauben flattern sie zu ihrem Schlag. (Jesaja 60,8) Von oben sieht das aus wie ein Stern: Auf Strahlenbahnen ziehen sie zum glühenden Ort der Leidenschaft. Ich selbst beginne oft zu laufen, dabei kennt man mich normalerweise als ruhigen Apotheker. Aber im Gewusel vor dem Stadion ist eine magnetische Kraft zu spüren,

die zugleich gelassen macht: Die Richtung ist ja klar: Du siehst das Stadion von weitem, es wirkt fast wie ein Berg – und manchmal befindet es sich auch auf einem. Es gibt den Bieberer Berg, wo die Kickers aus Offenbach spielen, dazu den Betzenberg in Kaiserslautern. Die Flutlichtmasten sind Pfeiler der Orientierung. So kommen farbenfroh geschmückte Völker zum heiligen Berg des Sports.

Wenn im Stadion gesungen wird, beginnt der Berg zu beben. Er ist ein Ort, der lebendig ist und eine Seele hat. „Mein Stadion, mein Stadion", begrüßen Fans vor dem Spiel die Erhebung des Sports. Das ist nicht viel anders als beim heiligen Berg Zion mit der Stadt Jerusalem, auch er lebt von denen, die zu ihm kommen. Er gilt als Lebewesen, das überschäumende Gefühle kennt. So heißt es beim Propheten Jesaja – und auf dem Weg zum Stadion kann man manchmal den Eindruck haben, nicht nur Zion, sondern auch der Tempel des Sports wird angeredet: „Hebe deine Augen auf und sieh umher: Diese alle sind versammelt und kommen zu dir. Deine Söhne werden von ferne kommen und deine Töchter auf dem Arme hergetragen werden. Dann wirst du deine Lust sehen und vor Freude strahlen, und dein Herz wird erbeben und weit werden." (Jesaja 60,4.5)

3. Befund

Einsamkeit

DER FROMME FUSSBALLAPOTHEKER RÄT:

Koste den Eintritt in den Fußball-Tempel aus.
Es ist wie ein Nachhausekommen. In Gottes Namen
bist du willkommen: „Gehet zu seinen Toren ein
mit Danken, zu seinen Vorhöfen mit Loben,
danket ihm, lobet seinen Namen!" (Psalm 100,4)

Die Tür zu meiner Fußballapotheke öffnet sich automatisch. Auch über Internet kann man mit dem frommen Apotheker Kontakt aufnehmen – niemand muss sich an Ladenöffnungszeiten halten. Dennoch nähern sich viele mit Vorsicht. Und schon ahne ich ihre Beschwerden. „Ich fühle mich allein", heißt es: „Manchmal sogar isoliert!" Als ich als Kind in die Apotheke ging, musste ich einige Stufen nach oben steigen. „Was willst du?!", wurde ich barsch gefragt. Oft war ich dort, um das kostenlose Rätsel- und Comicheft zu holen. Dabei spekulierte ich auf eine Probe Traubenzucker. Trotz Stufen und ruppiger Bedienung fühlte ich mich in der Apotheke geborgen. Heute freilich scheint es umgekehrt zu sein. Es gibt niedrigschwellige Angebote, offene Gruppen, Teilnahme auf Zeit – trotzdem fühlen sich 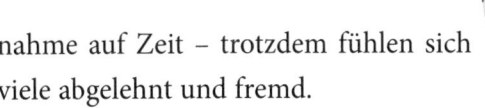 viele abgelehnt und fremd.

Mein Rat: Der Gang ins Stadion zeigt einen Weg in die Geborgenheit. Der heilige Bezirk entfaltet seine besondere Atmosphäre gerade dadurch, dass man nicht ohne weiteres eintreten kann. Der Ort der Leidenschaft liegt hinter Zäunen. Du bist nicht drinnen, sondern die Kontrolle naht. Die Eintrittskarte hast du dir oft mühsam ergattern müssen. Jetzt wirst du auch noch nach Stichwaffen und Wurfgeschossen durchsucht – denn nur friedfertig Gesinnte dürfen in den Tempel.

Je länger man in der Schlange steht, umso intensiver lockt das Land, das hinter dem Drehkreuz beginnt. Endlich! Du wirst hindurchgewunken oder steckst die Karte in den Spalt: Das grüne Licht blinkt auf! Das Drehkreuz bockt nicht, sondern setzt sich in Bewegung: So trittst du in die Vorhöfe des Heiligtums. Die Hindernisse sind überwunden. Im Stadion grummelt und rumort es, einige fangen zu trommeln an. Jubel brandet auf, wenn die Mannschaften den Rasen betreten, um sich aufzuwärmen. Dazu die Stimme des Stadionsprechers – all das ähnelt einem Orchester, das die Instrumente stimmt. Im Angesicht des grünen Rasens können sich Fans wie Schafe fühlen, die ihre Weide gefunden haben. Niemand jagt dich fort, selbst wenn du in der Herde niemand kennst. Unbekannte sprechen dich an, sie nehmen dich ernst, indem sie dich gleich duzen. Was verbindet die, die sich oftmals gar nicht kennen? Sie blicken in eine Richtung – dorthin, wo schon bald das Spiel beginnt.

Vor dem Anpfiff sprach mich einmal einer im Stehblock an, wir saßen noch auf den Tribünenstufen. Er wusste nicht, dass ich ein frommer Apotheker bin, und doch vertraute er mir Fremden sofort. Plötzlich, mitten im Gespräch, stand er auf und rief voller Inbrunst in den Stadionhimmel: „Fußball – das ist eine Religion!" Groß klingt die Geborgenheit im Stadion. Erfahren kann sie, wer es wagt, in heilige Räume zu treten: „Gehet zu seinen Toren ein mit Danken, zu seinen Vorhöfen mit Loben, danket ihm, lobet seinen Namen." (Psalm 100,4)

4. Befund

Lampenfieber

DER FROMME FUSSBALLAPOTHEKER RÄT:

Achte auf die Minuten vor Spielbeginn. Wer sich als Fan und Spieler an den geordneten Ablauf hält, kann sich sicher fühlen und sagen: „Ich habe Freude an den Geboten, sie sind mir sehr lieb." (Psalm 119,47)

Einige Kunden der Fußballapotheke zählen mir gleich mehrere Beschwerden auf: Herzrasen, Schweißausbrüche, Übelkeit und Atemnot – und alles das in einem! Es handelt sich um Lampenfieber. Das hat so gut wie jeden schon einmal erwischt: Nähert sich ein bedeutender Augenblick, willst du am liebsten fort, hast Angst, willst nicht auf die Bühne, in den Prüfungsraum und fängst zu zittern an.

Aktuelle Untersuchungen gehen der Frage nach, ob dieses Leiden medizinisch objektiv nachzuweisen ist. Das hilft den Betroffenen freilich auch nicht weiter. Ich schicke sie lieber fort – ins Stadion. „Du musst nicht auf den Rasen!", beruhige ich sofort, wenn ich einen Fieberanflug in den Augen der Hilfesuchenden sehe. „Aber du bist trotzdem nahe am Geschehen dran." Die letzten Minuten vor Spielbeginn können eine Hilfe sein, die sich auf andere Gelegenheiten übertragen lässt. Es herrscht ein immergleicher Ablauf – das ist ein beruhigendes Gesetz. Vermutlich befolgen Spieler und Fans deshalb diese Ordnung, weil mit dem Anpfiff das Unabwägbare beginnt: Geniale Kombinationen, Fehlpässe, Enttäuschung, Jubel, Hektik, Langeweile und Ekstase – kurzum: das ganze Leben, zusammengeballt in noch nicht einmal zwei Stunden.

Die strenge Ordnung vor dem Spiel beginnt so: Der Torwart betritt den Rasen, winkt in den Fanblock, in dem man ihm mit Klatschen und Rufen antwortet – jedes Mal wieder. Die Teamkollegen folgen. Muskeln werden gedehnt, erste Ballberührungen. Der Co-Trainer übernimmt das Zepter, der die Spieler Trippelschritte machen lässt. Oder der Mannschaftsführer jagt die Kollegen über den Rasen. Nicht wild wirkt das: Eine Ästhetik der Ordnung, die man sonst bei Tänzern sieht. Anspannung ist spürbar, die Energie jedoch wird noch nicht ganz freigelassen. Tänzerisch wirkt auch, wie die Torhüter eingeschossen werden. Dann gehen die Spieler in die Kabinen zurück: Jetzt beginnt der Part der Fans – auch das ist ein liturgischer Akt, vergleichbar mit dem Glockenläuten vor dem

Gottesdienst. Es ähnelt einer Beschwörung, weil es gleich um Sieg und Niederlage geht, die Fans finden in einen guten Rhythmus hinein. Die Spieler werden vorgestellt, der Stadionsprecher nennt die Namen im Wechsel mit dem Publikum. Dann wird die Vereinshymne gesungen, man schwenkt Fahnen – und jetzt! Die Teams betreten den Rasen, laufen zur Mitte – neben ihnen Kinder. Alle winken zu den Tribünen. Geschafft! Die Zuschauer sind noch da, das Lampenfieber ist nicht unerträglich geworden. Dank dieser Regeln haben die Anhänger die letzten Minuten vor dem Anpfiff mit Freude überstanden. Sie können bekennen: „Ich habe Freude an den Geboten, sie sind mir sehr lieb." (Psalm 119,47)

5. Befund

Sehnsucht nach Glück

DER FROMME FUSSBALLAPOTHEKER RÄT:

Schaue auf die Maskottchen und Wappentiere im Stadion. Sie verweisen auf eine Kraft, die tief beglücken kann. Davon weiß auch die Bibel: Gott kann zum Beispiel wie ein Adler sein, der Menschen auf seinen Flügeln trägt. (2. Mose 19.4)

„Schon viele Jahre bin ich auf der Suche", sagen viele meiner Kunden in der Fußballapotheke. Sie berichten von Horoskopen und Meditationen, von Verbesserungsversuchen an ihrem Äußeren und an ihrem Inneren. Sie hätten sogar schon Gurus gelauscht. Außerdem seien da noch all die Bücher, die sie gelesen haben, weil sie Glück versprechen. „Ich bin kein Guru", entgegne ich: „Sie sind hier einfach nur in einer Fußballapotheke." Aber genau deshalb seien sie ja hier! Sie suchen nämlich einen Rat, den sie nirgendwo sonst finden. Also gut, dann soll den Glückssuchern geholfen werden. Die Therapie beginnt mit der Frage: „Warum eigentlich gibt es immer neue Glücksratgeber?" Ich ernte fragende Blicke bei den Kunden. Dabei ist die Antwort leicht: Weil es den anderen ähnlich geht wie denen, die mit ihrer Sehnsucht in die Apotheke kommen: Sie haben das reine, dauerhafte und unverstellte Glück noch nicht gefunden. Allein schon dieser Gedanke lässt die Kunden aufatmen, weil sie sich mit ihrem Leiden nun nicht mehr alleine fühlen.

Ob das Glück überhaupt erreichbar ist? Ich glaube: Gott selbst ist das große, letzte, tiefe Glück. Deshalb muss man sich nicht schämen, wenn man es noch nicht ergriffen hat. Denn ein Geheimnis lässt sich natürlich nicht mal eben ergreifen und sichern. Annäherungen aber sind möglich – zum Beispiel im Stadion. Dort trifft man auf viele Zeichen, die von der Sehnsucht nach dem Glück erzählen. Es kursieren unter den Anhängern wundersame Legenden, man findet Eigenartigkeiten und Marotten bei Spielern und Trainern. Einmal war da ein blauer Pullover. Wenn ihn der Trainer trug, verlor die Mannschaft nicht, hieß es. Die Serie hielt einige Monate. Andere nehmen den Teddy der Tochter mit ins Tor oder wollen mit ihren Fußballschuhen bis ans Ende ihrer Laufbahn spielen. All das drückt die Gewissheit aus: Das Glück hat man letztlich niemals selber in der Hand. So können Pullover, Teddy oder

Schuhe auf die geheimnisvolle Kraft des Lebens verweisen. Nur dürfen diese Dinge nicht mit dem Heiligen selbst verwechselt werden, sonst wird es peinlich, verbohrt und lächerlich.

Die Glückssehnsucht bildet sich auch in Maskottchen und Wappentieren ab. Natürlich sind sie kein Rezept für Wohlgefühl, Harmonie, Erfolg und tiefe Lebensfreude. Doch kann man sie als Fährten verstehen, die eine Ahnung von der Macht des Lebens geben. Da ist die urige Kraft des Löwen, die Fans der Münchner Löwen wissen um sie. Es gibt auch den Geißbock der Kölner, andere Vereine haben ein Zebra oder einen Bär als Wappentier. Bei der Frankfurter Eintracht ist bei jedem Heimspiel ein Steinadler im Stadion, auch die Spieler der deutschen Nationalmannschaft tragen einen Adler auf der Brust. Er garantiert nicht das Glück, ist auch nicht Gott selbst, doch wer ihn betrachtet, kann etwas von der Kraft erahnen, die er verkörpert. Sie erinnert an den Himmlischen, von dem es heißt: Er ist wie ein Adler, der Menschen auf Flügeln trägt. (2. Mose 19.4)

6. Befund

Hoffnung auf Neubeginn

DER FROMME FUSSBALLAPOTHEKER RÄT:

Schau zum Mittelkreis und achte auf den Spielbeginn. Der Pfiff des Schiedsrichters kann wie ein Anruf Gottes sein, der sagt: „Gedenkt nicht an das Frühere und achtet nicht auf das Vorige! Denn siehe, ich will ein Neues schaffen, jetzt wächst es auf, erkennt ihr's denn nicht?" (Jesaja 43,18.19)

Viele Kunden erzählen in der Fußballapotheke von seelischen Verletzungen. Gebetsmühlenartig wiederholen sie diese alten Geschichten. Liegt das an den Synapsen? Ich bin kein Gehirnexperte, weder Mediziner noch Psychologe, sondern lediglich Apotheker. Ich verstehe mich eher als Handwerker, der Hilfesuchende mit frommen Worten zum Spiel des Lebens schickt. So weise ich auch denen den Weg ins Stadion, die gebannt Vergangenes betrachten und darunter leiden. Ich rate also nicht, gefälligst fröhlich in die Hände zu spucken und nach vorn zu schauen. Denn Kränkungen können furchtbar hartnäckig sein und lassen sich nicht eben mal so verschmerzen. Menschen werden verraten, gemobbt, verfolgt. Nicht wenige haben ein Trauma, mit dem sie leben müssen.

Im Stadion aber kannst du die Gehirnsynapsen überlisten, die die Gedanken auf die immergleiche Reise schicken. Es geschieht in einem einzigen Augen-blick – aber es ist ein Moment von heiliger Würde. Der Zauber dieses Augenblicks kann selbst Pessimisten irritieren. Hymnen, Stadionbeschallung, all das verstummt. Der Schiedsrichter hebt die Hand, es ertönt ein Pfiff – und alles ist neu. Nun hört man nur noch die Stimmen der Anhänger und Spieler. Die Fans schauen erwartungsvoll, sind von der Macht des Anfangs verzaubert. So oft du auch ins Stadion gehst, niemals wird dich die Routine ergreifen. Denn so lange es den Anpfiff gibt, ist die Hoffnung nicht verloren. Der Anfang setzt dir einen Floh ins Ohr, der spricht: Es ist noch lange nichts entschieden, das Spiel des Lebens beginnt von vorn, kann sich erneuern, ist wie eine Straße, vom Regen poliert, ist wie das erste Licht am Tag, der erste Schluck nach großem Durst.

Einige Sekunden nach dem Beginn sehen viele Fans schon wieder Bekanntes, eben das, was sie nicht sehen wollen. Es erinnert sie an erlittene Verletzungen, an Traumata wie Abstiege oder einer im letzten Spiel vergeigten Meisterschaft: Nie und nimmer werden wir noch deutscher Meister! Oder vielleicht doch? Am Anfang nämlich gleicht das Spiel vom Leben einer weißen Fläche – es ist wie beim Roulette, wenn die Kugel rollt: Allen Verlusten zum Trotz hat man schon wieder den Einsatz gewagt. Und alle im Stadion glauben an die Kraft des Neubeginns – im Augenblick des Pfiffs. Niemand schaut zurück, sondern alle freuen sich, hoffen nicht allein auf Erfolg und Sieg, sondern dass sie das Spiel berührt und tröstet. Der Anpfiff im Stadion kann an die Stimme Gottes erinnern, wie sie in der Bibel überliefert ist: „Gedenkt nicht an das Frühere und achtet nicht auf das Vorige! Denn siehe, ich will ein Neues schaffen, jetzt wächst es auf, erkennt ihr's denn nicht?" (Jesaja 43,18.19)

7. Befund

Chaosgefühle

DER FROMME FUSSBALLAPOTHEKER RÄT:

Achte auf den Schiedsrichter, der für Ordnung sorgt und an den göttlichen Richter denken lässt. Denn Gott will die Welt nicht im Chaos belassen, sondern gab ihr Struktur: „Da schied Gott das Licht von der Finsternis und nannte das Licht Tag und die Finsternis Nacht." (1. Mose 1,3)

Manche denken vielleicht, in einer Fußballapotheke geht es ruhig und gesittet zu – ähnlich wie im Wartezimmer eines Arztes. Weit gefehlt! Oft höre ich schon von weitem die Leute lärmen. Schüler sind auf dem Nachhauseweg, rennen in die Apotheke rein. Oder ein Paar befindet sich im Chaos der Gefühle, Geschwisterkinder sind in Tränen aufgelöst. „Der ist schuld! Nein die!" Kinder schreien. Und Erwachsene rufen dann oft noch viel lauter: „Sei gefälligst ruhig!" Manchmal ringen auch in einem Menschen verschiedene innere Stimmen miteinander. Zum Spiel des Lebens gehören eben Chaos und Streit, aus dem dann Wunderbares wachsen kann. Das Chaos aber soll das Leben nicht zerstören.

Viele Streitende glauben nur ihrer eigenen Sicht, können die des anderen nicht zulassen oder trauen sich selbst kaum noch etwas zu. Ein Besuch im Stadion hilft, das Knäuel der Empfindungen aufzulösen. „Achtet auf den Schiedsrichter", rate ich den Verwirrten. Der Spielleiter nämlich benennt Fouls und achtet darauf, dass es nicht zu weiteren Verletzungen kommt. Oft trennt er Hitzköpfe und schafft Abstand zwischen ihnen. So kann das Spiel weitergehen. Der Schiedsrichter kann zuweilen sogar an Gott erinnern. Der schuf nämlich die Welt, indem er aus dem Tohuwabohu heraus Leben schuf. Das war im Anfang, erzählt die Bibel, als die Welt einer trüben Ursuppe glich. Gott teilte die Suppe, da entstand Wasser und Land. Außerdem: „Da schied Gott das Licht von der Finsternis und nannte das Licht Tag und die Finsternis Nacht." (1. Mose 1,3) Gott zieht Grenzen, damit das Chaos in die Klarheit mündet.

Im Unparteiischen lässt sich auch Gott in der Rolle als befreiender Richter erahnen. In der Regel lässt der Schiedsrichter Ball, Spieler und Spielgeschehen laufen. Gerät etwas durcheinander, gilt sein Urteil. Trainer, Spieler und auch die Fans achten ihn, selbst wenn sie auf ihn schimpfen – aber das taten auch schon fromme Menschen zu biblischen Zeiten. Nicht immer waren sie mit der Entscheidung Gottes einverstanden, sondern manchmal auch wütend auf ihn. Trotzdem war klar: Ohne Gott kann das Leben nicht weitergehen. Wie wichtig ein Richter sein kann, habe ich als Kind erlebt, als wir ganz ohne Unparteiischen auf der Wiese bolzten. Kam es zu Meinungsverschiedenheiten, ging es nicht weiter. Dann bestimmte der Lauteste und Stärkste – natürlich zu seinen Gunsten. Das ging nicht gut: Bald verloren die anderen die Lust, sie hörten auf, das Spiel war aus – auch für den, der die Macht auf ungerechte Weise ausgeübt hatte. Dank eines Richters, der im Wirrwarr der Interessen fair entscheidet, können Menschen weiterspielen. ⚽

8. Befund

Überlastung

DER FROMME FUSSBALLAPOTHEKER RÄT:

Das Zusammenspiel der Mannschaft zeigt eine Lösung. Denn niemand kann alles alleine schaffen, wusste schon der Apostel Paulus, der riet: „Einer trage des anderen Last, so werdet ihr das Gesetz Christi erfüllen." (Galater 6,2)

„Geben Sie mir irgendwas – sofort!" Manchmal kommt die Hektik höchstpersönlich in die Fußballapotheke. „Ich muss gleich wieder weg!" Solche Kunden scheinen alles im Griff zu haben. Die Kleidung ist elegant, der Haarschnitt perfekt. Doch ich gebe ihnen kein Aufputschmittel. So etwas erhalten sie ja in jeder anderen Apotheke. Ich höre lieber zu. Eben noch wollten sie gleich weiter, jetzt kommen sie ins Reden: Alles laufe gut, erzählen sie, jedoch: „Ich habe kaum noch Zeit zum Essen." Und nicht nur das: Sie würden sich auch gern mehr um schöne Dinge kümmern: Bücher lesen, ins Kino gehen oder einfach durch den Park spazieren.

Ihr Problem: Die Menschen in der Nähe, die Kollegen, Mitarbeiter, eigentlich so gut wie alle verhielten sich nicht so, wie es für die Arbeit nötig ist. „Die sind zu lahm und machen ständig Fehler. Um alles muss man sich selber kümmern!" Ich widerspreche nicht. Jeder Einwand würde diese Kunden kränken. Womöglich haben sie im Leben einmal tiefe Ohnmacht erlebt? Wohl deshalb setzen sie alle Hebel in Bewegung, möchten alles selbst bestimmen.

Lange haben die Kunden geredet, eine Pause entsteht. In sie hinein sage ich: „Gehen Sie ins Stadion!" Gleich schiebe ich eine Warnung hinterher: Nicht in eine Business-Suite! Der Stadionbesuch soll nicht zum VIP-Ereignis werden mit gelegentlichem Blick aufs Spielfeld. Stattdessen soll der Überlastete während des Spiels entdecken, wie Entlastung möglich ist. Beispiel: Der Ball kommt rascher vorwärts dank Ballstafetten. Selbst der Ausdauerndste müsste, wäre er allein am Ball, schon bald ausgewechselt werden. Eindrucksvoll auch: Wenn die Spieler sich wie auf Kommando in eine Richtung bewegen, den Gegner unter Druck setzen – ein Rädchen greift ins andere. Genauso bei Kontern: Die Laufwege sind abgestimmt, die Dynamik dieser Gemeinsamkeit ist schön. Eine Fernsehübertragung, die nur einen Ausschnitt bietet, kann das nicht vermitteln. Der Blick aufs gesamte Feld indes lässt das Gefüge erkennen. Auch Gesten betören: Der aufmunternde Klaps, wenn einer einen Fehler macht. Das Winken eines Verletzten: Ich brauche Hilfe! Mitspieler, Schiedsrichter, Masseur und Arzt reagieren. Bei Durst werfen Betreuer den Spielern Flaschen zu.

Natürlich klappt das Zusammenspiel nicht immer, viel wird auch geschimpft, manche winken verärgert ab. Aber selbst der beste Spieler wird keine Verantwortung übernehmen können, wenn er nicht den Wert der anderen erkennt. Im Stadion wird klar: Wer vor dem Tor niemals selber schießt, hat das Spiel des Lebens nicht verstanden. Ebenso jedoch gilt: Der Ball würde überhaupt nie vor das Tor kommen, wenn man einander nicht die Mühe teilt. Im Stadion wird sichtbar, was für das Leben im Gesamten gilt: „Einer trage des anderen Last, so werdet ihr das Gesetz Christi erfüllen." (Galater 6,2)

9. Befund

Haltlosigkeit

DER FROMME FUSSBALLAPOTHEKER RÄT:

Bedenke den Sinn der Stollen an den Fußballschuhen: Sie geben Halt und machen dich zugleich beweglich. Ein Bild dafür, was man sich für die Lebensbahn von Gott erbitten kann: „Erhalte meinen Gang auf deinen Wegen, dass meine Tritte nicht gleiten." (Psalm 17,5)

„Wie komme ich in die Fußballapotheke? Ihre Tipps sollen ja ziemlich unkonventionell sein." Über solche Anrufe freue ich mich natürlich. „Aber ich traue mich nicht recht nach draußen!", schränkt der Anrufer ein. Was hindert ihn? „Ich habe Angst auszurutschen." Ich schaue nach draußen: Es ist Hochsommer. Glatteis ist ausgeschlossen.

Eine halbe Stunde später: „Man kann sich ja nicht immer verkriechen." Vorsichtig, mit leichtem Schritt ist der Mann in die Apotheke gekommen. Er wirkt so, als ob er im Leben schon viele Wege gegangen wäre. Ich bewundere seinen Gang. Mir scheint, dieser Kunde wird noch viele weitere Pfade gehen. Nun setzt er sich aber erst einmal: „Irgendwann war da das Gefühl, keinen festen Boden unter den Füßen zu haben." Das Leben fühlte sich glitschig an, unbestimmt. Was sicher schien, ist weggebrochen. Früher waren da Geschäftsreisen gewesen! Dann gab es Probleme mit der Arbeit, sie fiel ganz weg, Schwierigkeiten in der Familie folgten. Am Ende war jeder Mut verflogen. „Genieße doch die Ruhe! Man muss schließlich nicht ständig unterwegs sein", würden Bekannte sagen. Also habe er versucht, Ruhe zu finden. In einem Kurs hat er geübt, sich wie ein Baum zu fühlen: Aufrecht stand er auf dem Boden, stellte sich vor, tief in die Erde Wurzeln zu schlagen. Mutlos sei er aber immer noch. Auf Reisen traue er sich nicht mehr, manchmal kaum noch aus dem Haus. „Ich will ja zufriedener und häuslicher werden", sagt er kleinlaut, gebückt auf dem Stuhl. „Aber wie geht das?"

Ich frage ihn nach seiner letzten Reise. Plötzlich richtet er sich auf und erzählt. Der Sitzende lässt die Füße pendeln. Aufbruchsfreude. Dann verdüstert sich sein Blick: Er müsse lernen, Wurzeln zu schlagen. „Das ist ja auch ein gutes Bild", starte ich die Therapie. Jeder Mensch braucht Bodenkontakt. Nur gibt es zwischen Baum und Mensch auch Unterschiede: Zum Menschen gehört, sich immer wieder auf den Weg zu machen. Das kann kein Baum. Der Kunde wartet, ob noch etwas folgt: „Ist das hier nicht eine Fußballapotheke?" Also gut! Ich lasse Teil zwei der Therapie folgen: „Gehen Sie den Weg ins Stadion. Und gucken Sie auf die Spieler, sie geben ein Bild dafür, wie man Halt im Leben findet." Sie haben nämlich an den Schuhen Stollen, die festen Stand verleihen. Nur lassen sie den Spieler nicht wurzeln, machen ihn also nicht zum Baum. Dank der Stollen drückt man sich gut ab, sie geben Halt und halten zugleich beweglich. Gott hat in seiner Weisheit die Bäume geschaffen, die Menschen erschaffen und den Fußballspielern Stollen gegeben. Darum gilt: „Lobet, ihr Völker unsern Gott, der unsere Seelen am Leben erhält und lässt unsere Füße nicht gleiten." (Psalm 66,8.9)

10. Befund

Unkonzentriertheit

DER FROMME FUSSBALLAPOTHEKER RÄT:

Suche im Stadiongewimmel das Entscheidende. Lass dich nicht ablenken von dem Geschehen auf den Rängen, von Videowürfel oder Anzeigentafel. Konzentriere dich auf das Spielfeld, wo die Leidenschaft zum Zuge kommt. So kann man im Leben insgesamt an Konzentration gewinnen: „Höre Israel, der Herr ist unser Gott, der Herr allein. Und du sollst den Herrn, deinen Gott, liebhaben von ganzem Herzen, von ganzer Seele und mit all deiner Kraft." (5. Mose 6,4.5)

Kürzlich war die Fußballapotheke auf Reisen. Wo es hinging? Natürlich ins Stadion, wohin denn sonst. Ich hatte nicht den Apothekerkittel an, war dort aber auch nicht ganz privat. Es war eine fromme Stadionexkursion mit Kindern. Der Grund: Immer wieder kommen Mütter in die Apotheke: „Uns selbst fehlt nichts. Nur sorgen wir uns um unsere Kinder." Diese seien fahrig. Selbst für kleine Hausaufgaben brauchen sie Stunden! Stets komme etwas dazwischen, ständig locke das Computerspiel, da gingen sie noch mal ins Internet, dort verabredeten sie sich per Handy. „Wenn sie sich nur mal für eine Sache entscheiden würden!"

Die Mütter sind allerdings auch nicht völlig konzentriert. Ständig piepst etwas, während sie reden. Konzentriert sind sie, wenn sie von den Problemen der Kinder sprechen: Dass daran Schulen, Lehrer oder andere Kinder schuld seien. Ob ich die Kinder trainieren könne? „In meiner Apotheke gibt es kein Training", wehre ich ab. „Aber können Sie denn wirklich gar nichts tun?"

So kam es, dass ich die fromme Stadionexkursion vorgeschlagen habe. Die Kinder guckten in alle Richtungen, fragten 1000 Sachen, wollten Pommes und aufs Klo, schauten auf den Videowürfel, dann ins Stadionheft. Das landete rasch auf den Tribünenstufen. Sie schrieen und pfiffen – ohne Sinn, einfach zum Spaß und ständig. Sie waren einfach gegen alles. Zunächst. Dann steuerten ihre Augen allmählich nicht mehr unablässig neue Ziele an. Sie wirkten gespannt, konzentriert, vertieft, waren auch nicht abgelenkt: Handys sind im Stadionlärm kaum zu hören. Selbst die Mütter, die angekündigt hatten, anzurufen, wurden überhört, weil sie nicht hörbar waren. Von Millionen an möglichen Spielfeldern im

Leben zählte nur noch eins. Die Augen folgten dem Ball. Und die Medizin schien zu wirken.

Die Seitenlinien des Fußballfelds begrenzen das Geschehen, sodass die Leidenschaft zum Zuge kommt. Das muss man nicht erklären. Mit einem Mal ballten die Kinder die Fäuste, Lippen zitterten, sie hüpften und feuerten die Spieler an. Aus der Fülle an Eindrücken suchten sie sich das Spielfeld aus. Es dient als Bild, worauf man sich im Leben konzentrieren soll: Auf Begeisterung, heftigen Pulsschlag und die Mitte des Lebens, die in die Konzentration führen kann: „Höre Israel, der Herr ist unser Gott, der Herr allein. Und du sollst den Herrn, deinen Gott, liebhaben von ganzem Herzen, von ganzer Seele und mit all deiner Kraft." (5. Mose 6,4.5) Nach dem Spiel sagten mir die Mütter, die Kinder hätten kaum aufhören können zu erzählen. Und danach seien sie sehr ruhig gewesen. Aber auch die Frauen schienen mir bedeutend ruhiger – was vermuten lässt: Eine Stadionexkursion für Mütter kann womöglich die gleiche Wirkung erzielen. ⚽

11. Befund

Übergroße Vorsicht

DER FROMME FUSSBALLAPOTHEKER RÄT:

Zieh das Korsett der Taktik aus! Im Stadion erkennst du, wie das Spiel an Fahrt gewinnt, wenn die Spieler Mut haben, Fehler zu machen und ins Unbekannte aufbrechen. Deshalb gilt: „Lasst uns alles ablegen, was uns beschwert." (Hebräer 12,1)

Ein Fußballspiel kann befreiend sein. Es gibt Momente, die rauschhaft sind: Göttliche Inspiration zeigt sich auf dem Spielfeld. Dann geschieht etwas, was sich kein Mensch hätte ausdenken können. Das Gegenteil davon passierte während eines WM-Endspiels, in dem eben nichts passierte. Der Ball wurde hin- und hergeschoben, sonst nichts. Ein Fußball-Experte kommentierte: Das sei ein großes Spiel für ihn. Er bewundere die penibel eingehaltene Taktik beider Teams. Den Zuschauer überfiel dagegen eine lähmende Enttäuschung. Schließlich gewann nur deshalb eine Mannschaft, weil am Ende dieser totalen Ereignislosigkeit ein Elfmeterschießen stand. So ein Spiel macht mich, den Fußballapotheker, bescheiden: Selbst die Heilkunst des Fußballs kann nicht immer helfen. Und doch ist mir auch dieses Fußballspiel in Erinnerung geblieben. Es hat sich eingebrannt als Sehnsucht, dass ein Spiel begeisternd anders sein kann. Begeisterung löst jener Augenblick aus, in dem erstmals etwas Überraschendes und Unvorhergesehenes passiert.

„Diesen Augenblick müsst ihr beachten und genießen!", empfehle ich Kunden, die sich während des Beratungsgesprächs in meiner Apotheke oft kratzen. Sie fragen nach einem Mittel, das ihren Juckreiz lindert und sie beruhigt. Man muss den Befund nicht seelisch deuten, die Betroffenen aber sagen von sich selbst: „Es ist, als ob da etwas auf mir liegen würde." Ja, was? Eine Last, die sie abschütteln wollen. Sie glauben, ein Korsett zu tragen, haben Angst davor, das bisher im Leben Erreichte zu verlieren. Bald jedoch vermissen sie die Leichtigkeit, das Leben ist beschwerlich. Der frische Wind fehlt. Sie wagen nichts mehr, scheinen nichts mehr zu erwarten. Man lebt, als ob man nur ja nichts verlieren will – und kann so natürlich auch nichts mehr gewinnen.

Dann sage ich ein frommes überliefertes Wort, das Gott einst zu Abraham gesprochen haben soll. Es gilt auch denen, die ängstlich sind: „Geh aus deinem Vaterland und von deiner Verwandtschaft und aus deines Vaters Hause in ein Land, das ich dir zeigen will." (1. Mose 12,1) Der Weg ins Stadion bietet Blicke in so ein unbekanntes Land. Dort kann man wunderbare Augenblicke erleben, in denen das Korsett der Taktik abgelegt wird. Zunächst tasten sich die Teams ab. Wenig passiert, niemand wagt etwas – und manchmal sind die Spieler froh, sicher agieren zu können. Doch wird das Spiel des Lebens deshalb angepfiffen, um immer nur abgesichert zu agieren? Dann aber kommt die Verwandlung: Wie aus gnädigem Himmel ist ein Spieler bereit zum Dribbling, zu einem Pass mit Risiko. Die Überraschung übernimmt jetzt die Regie, da gibt es eine Finte, einen abgefälschten Ball, einen Geistesblitz. Jetzt denkt niemand mehr an Fehler, die Nervosität ist abgelegt, weil man mit einem Mal alles gewinnen kann. Dann herrscht das fromme Fußballmotto: „Lasst uns alles ablegen, was uns beschwert." (Hebräer 12,1)

12. Befund

Ungeduld

DER FROMME FUSSBALLAPOTHEKER RÄT:

Schaue auf die Spieler, die selbst in kleinen Möglichkeiten wie Ecke, Einwurf oder Freistoß ihre Chance sehen. Es lohnt sich, im Leben zu ackern, bis das große Glück eintrifft: „So seid nun geduldig, liebe Brüder, bis zum Kommen des Herrn. Siehe, der Bauer wartet auf die kostbare Frucht der Erde und ist dabei geduldig, bis sie empfangen den Frühregen und Spätregen. Seid auch ihr geduldig und stärkt eure Herzen; denn das Kommen des Herrn ist nahe." (Jakobus 5,7.8)

In der Fußballapotheke ist es manchmal ruhig. Dann frage ich schon mal, ob ich auch in Zukunft genügend Kunden haben werde. Bislang haben sich meine Befürchtungen immer aufgelöst: Schon bald ist wieder ein Hilfesuchender da. Es scheint zur Spezies Mensch zu gehören, dass sie mit dem Leben nicht immer zufrieden ist und deshalb auf Ratschläge hofft. Manchmal genügt ein Plausch über den letzten Spieltag – und der Kunde zieht zufrieden seiner Straße. Manchmal aber entwickelt sich ein so intensives Gespräch, dass es sich nicht unterbrechen lässt. Wenn dann ein neuer Kunde die Tür aufmacht, muss ich diesen vertrösten – was zu einem Zornausbruch führen kann: „Das ist doch eine Apotheke! Ich kann nicht warten!" Später, wenn der Kunde doch noch einmal kommt, stellt sich heraus: Das gerade ist sein Befund, seine Ungeduld. Er könne schlecht warten, erklärt er. Er denke, es müsse endlich etwas passieren! Viele ungeduldige Menschen arbeiten sozusagen unablässig, fangen immer wieder neu an, klopfen an Türen, hinter denen sie sich einen Fortschritt erhoffen. Oft jedoch tut sich wenig.

„Geh zum nächsten Spiel ins Stadion", sage ich. Jeder Spieler dort sehnt sich natürlich nach einem Tor. Wenn es nicht fällt, bewahren die Teams Geduld. Sie verschmähen auch nicht Standardsituationen wie Eckbälle, Freistöße, Einwürfe – selbst wenn es frustrierend sein kann. Das Eckenverhältnis liegt bei 17:2. Trotz der Überlegenheit fällt kein Tor. Und dennoch rennen die Spieler bei der nächsten Ecke wieder nach vorn, die Fans lassen die Schlüsselbünde in Vorfreude klingeln. Ein Tor nach einer Ecke aber fällt selten. Auch der Einwurf hilft oft nicht weiter, landet manchmal gar beim Gegner. Freistöße sind da schon gefährlicher – aber da ist ja die Mauer des Gegners, der Weg zum Ziel, ins Tor scheint zugebaut zu sein. Doch die Spieler glauben selbst an die kleinste, sich ihnen bietende Möglichkeit. Man träumt von der direkt verwandelten Ecke und vom Freistoßtor. Nur ein Einwurf, der den Weg direkt ins Tor findet, zählt laut Regel nicht. Und doch: Selbst dieses Wunder geschah einmal, als der Torwart den Ball vorher noch berührte, sodass der Treffer als Eigentor gewertet wurde. Ein Beispiel dafür, dass sich das stete Ackern auf dem Spielfeld des Lebens lohnt: „So seid nun geduldig, liebe Brüder, bis zum Kommen des Herrn. Siehe, der Bauer wartet auf die kostbare Frucht der Erde und ist dabei geduldig, bis sie empfange den Frühregen und Spätregen. Seid auch ihr geduldig und stärkt eure Herzen; denn das Kommen des Herrn ist nahe." (Jakobus 5,7.8)

13. Befund

Angst vor drohender Gefahr

DER FROMME FUSSBALLAPOTHEKER RÄT:

Die Spieler zeigen, wie man sich schützen kann: Sie stellen sich mit anderen zusammen zu einer Mauer auf. Dabei ahnst du etwas von der Stärke Gottes, die einen zum Singen bringen kann: „Wir haben eine feste Stadt, zum Schutze schafft Gott Mauern und Wehr." (Jesaja 26,1)

„Das ist so ungerecht, das schreit doch zum Himmel." Wenn ich das von Kunden meiner Fußballapotheke höre, dann schreien sie zumeist nicht einmal, sondern flüstern. Als ob sie sich schämten, Ungerechtigkeit zu erleiden. Die Betroffenen stampfen nicht auf, sondern drehen sich lieber um – nach dem Motto: Man kann ja doch nichts machen. So überlassen sie aus Angst das Spielfeld denen, die sie angegriffen haben.

Einige Kunden kommen zu mir, weil sie sich eine Verteidigungsstrategie erhoffen. Das Problem: Sie haben eine ziemlich einseitige christliche Erziehung genossen. Immer nur sanftmütig, ergeben und demütig sollten sie sein. Dabei waren Jesus, viele Propheten und Heilige oft sehr wütend. Die Ängstlichen in der Apotheke aber fragen: „Muss ich den Gegner nicht als Freund betrachten?" Ich sage nichts. „Es heißt doch auch: Man soll den Feind lieben?" Ich sage nichts. „Wenn mich jemand schlägt, dann halte ich doch die andere Backe hin?" Ich sage noch immer nichts. Jetzt flüstert der Kunde nicht mehr, sondern wird laut. Aus seiner Ängstlichkeit ist Wut geworden, die kraftvoll klingt. Ich freue mich: Wir sind auf dem richtigen Weg. Denn wenn man Gefahr erlebt, kann man nicht so tun, als ob es die Gefahr nicht gäbe.

Ich rate: „Gehen Sie ins Stadion. Dort lässt sich erkennen, wie man der Gefahr gegenüber treten kann. Sie wird bedeutend kleiner, wenn Sie standhaft bleiben." Ein Fußballspiel spiegelt wider, dass im Leben Menschen verschiedene Ziele verfolgen. Jeder will gewinnen, jeder sucht das Glück. Kein Leben besteht aus Sanftheit allein. Da herrscht auch Gefahr, etwa dann, wenn es einen Freistoß gibt, nicht weit vom Tor entfernt. Die verteidigende Mannschaft aber läuft nicht fort, weicht nicht aus. Die Spieler schauen der Gefahr ins Auge. Niemand muss es für sich alleine tun. Der Torwart stellt eine Mauer auf –

wie ein Dirigent. Natürlich ist im Leben keine Abwehr perfekt. Die Spieler haben auch keine Panzer an. Man kann oft gar nichts tun, selbst Hochspringen hilft nur wenig – dann saust ein flach geschossener Ball womöglich unter den Füßen durch. Dennoch ist die Mauer nicht wirkungslos: Dank ihr geht der Ball zuweilen meterweit am Kasten vorbei. Viele Schüsse fängt sie direkt ab, bislang hat jeder in der Mauer die Gefahr überlebt. Natürlich bleibt einem im Leben manchmal nichts anderes übrig als zu fliehen. Oft jedoch kannst du dich mit anderen zusammen der Gefahr stellen. Du siehst der Angst ins Auge, so wird sie nicht größer – anders als wenn du sie im Rücken hast. Du nimmst das nicht immer nette Spiel des Lebens an. Wehrhaft und mutig kannst du sein – auch dann, wenn du kurze Hosen trägst. So kannst du mit voller Stimme rufen: „Wir haben eine feste Stadt, zum Schutze schafft Gott Mauern und Wehr." (Jesaja 26,1)

14. Befund

Scheitern kurz vor dem Ziel

DER FROMME FUSSBALLAPOTHEKER RÄT:

Schau auf den Spieler, der einen Steilpass ersprintet und das Tor vor Augen hat. Der Schiedsrichter pfeift Abseits! Langsam trottet der Spieler zurück. Das kann Vorbild sein für Gescheiterte, die aus Abseits und Verbannung ins Spielgeschehen heimkehren. Schon die Bibel rät: „Ihr sollt nicht in Eile ausziehen und in Hast entfliehen; denn der Herr wird vor euch herziehen und der Gott Israels euren Zug beschließen." (Jesaja 52,12)

Feierabend! Ich will die Apotheke gerade verlassen. Da höre ich ein dumpfes Klopfen an die Tür: „Was sind denn das hier für Öffnungszeiten?" Ich habe ganz normale Öffnungszeiten, das kann also nicht der Grund sein, weshalb jemand so aufgeregt vor der geschlossenen Apotheke steht. „Haben Sie keinen Notschalter?", wird draußen gerufen. Etwas missmutig öffne ich die Tür und sehe in ein rotes Gesicht, der Kunde vor mir atmet heftig. Er muss sich gesputet haben, um noch rechtzeitig zu kommen. „Kommen Sie rein, setzen Sie sich!" Ich vermute: Der

Ärger entstand womöglich aus Verletzung, die Wut richtet sich also nicht gegen mich als Apotheker.

Tatsächlich erzählt der Kunde, wie er lange auf etwas hingearbeitet hatte. Der Vertrag stand vor dem Abschluss. Dann die Absage, die völlig überraschend kam. Andere Kunden erfahren Vergleichbares: Alles schien auf dem richtigen Weg, das erste Kind war unterwegs, erzählt eine Frau, da ging der Mann fort. Oder: Ein Jugendlicher bewirbt sich oft. Nun ist er eingeladen zum Bewerbungsgespräch, es läuft gut. Doch auch er erlebt, wie er kurz vor dem Ziel scheitert. Jetzt verstehe ich, warum den Kunden die verschlossene Apothekentür geärgert hat. Es ist ein Sinnbild für das, was er erleben musste.

Wenn sich jemand im Abseits fühlt, sage ich nicht: Schau nach vorn! Da haben sie ja hingeguckt, die große Chance vor Augen gesehen – und sind abgewiesen worden. Sie müssen umkehren, neue Kräfte suchen – aber wo? Meinen Rat leite ich mit der erprobten Heilungsformel ein: „Gehen Sie ins Stadion!" Die Überraschung glückt, der Kunde ist abgelenkt von seiner vertrackten Situation. Im Stadion kann man sehen, wie Spieler scheitern. Es trifft oft Stürmer. Sie lauern auf den letzten, entscheidenden Pass. Endlich kommt ein wunderbar gespielter Ball, sie laufen in den weiten Raum, der Ball ist jetzt am Fuß – nur noch der Torhüter wartet. Und dann der Pfiff. Abseits.

Der kurz vor dem Ziel Gescheiterte dreht sich um, die gegnerische Mannschaft hat den Freistoß bereits ausgeführt. Er fühlt sich wie in der Verbannung, das Leben spielt sich gerade an anderer Stelle ab. Langsam trottet er zurück, sammelt Schritt für Schritt neue Kräfte, ein Einsamer, der sich dem Spiel des Lebens wieder langsam nähert. Der nächste Angriff wird oft ohne ihn gespielt, ausgepumpt wie er ist, alle Kräfte hatte er in seinen Sprint gelegt. Es muss nicht sofort weitergehen. Eine neue Möglichkeit, ein neues Spiel wird kommen. Deshalb gilt: „Ihr sollt nicht in Eile ausziehen und in Hast entfliehen; denn der Herr wird vor euch herziehen und der Gott Israels euren Zug beschließen." (Jesaja 52,12)

15. Befund

Finstere Gedanken

DER FROMME FUSSBALLAPOTHEKER RÄT:

Tauche ein in den Glanz des Flutlichtspiels. So erhältst du eine Ahnung von der wunderbaren Kraft des Lichts, von der es heißt: „Es wird nicht dunkel bleiben über denen, die in Angst sind. Das Volk, das im Finstern wandelt, sieht ein großes Licht, und über denen, die da wohnen in finstern Lande, scheint es hell." (Jesaja 9,1)

Nicht alle lieben Sonnenlicht, es ist ihnen zu grell, sie mögen eher Regentage. Manche igeln sich zu Hause ein, weil sie in Trauer leben. Das helle Spiel des Lebens, in dem man zu lachen hat, geht ihnen auf die Nerven. Die mit traurigen Gedanken leben, gehen oftmals überhaupt nicht mehr nach draußen. Als Fußballapotheker mache ich auch Hausbesuche. Ich reagiere auf Hinweise und Bitten. Wenn ich dann läute, ist lange nichts zu hören. Schließlich öffnet sich die Tür – langsam: Jemand steht betont ruhig da, spricht leiser als üblich, schaut mich kaum an. Die Jalousien sind heruntergelassen. Draußen Sonnenlicht, drinnen ist es düster. Ich reagiere nach dem

Motto: Niemals widersprechen, wenn einer über seine dunklen Gedanken spricht. Ich widerspreche nur, wenn der in der Dämmerung Sitzende sich selbst als finster bezeichnet. Die Besuchten schauen zum Fenster und schütteln sich ein wenig, als ob das durch die Ritzen dringende Tageslicht sie ekeln würde. Dann jedoch kann es passieren: Sie lassen die Jalousien ein wenig nach oben, wenn auch nicht ganz. Es ist Zeit, die heilige Fußballapothekerformel auszusprechen: „Gehen Sie ins Stadion." Reaktion: Heftiges Lachen! Wer hätte das diesen leisen Menschen zugetraut? Lautstark ist auch der Widerspruch: Das sei genau das Falscheste vom Falschen: in der Hitze unter Massen an fröhlichen Menschen, dazu dieses Sonnenlicht – nein, das trauen sie sich nicht zu. Rasch stelle ich klar: „Sie müssen nicht ins Sonnenlicht, sondern bleiben im Schutz der Dunkelheit."

Einige Tage nach dem Hausbesuch hole ich den Betroffenen ab. Das Ziel: Ein Flutlichtspiel. Ungewöhnlich und ein wenig unwirklich ist die Atmosphäre. Wir gehen den Weg zum Stadion durch die Nacht, die vielen Menschen wirken sanft, sie tun nicht weh. In der Ferne aber ist ein Licht zu sehen, wie ein Leuchtturm in der Nacht. Dort wollen wir hin. Im Stadion ist es geheimnisvoll, fremd, fast verwunschen. Man sitzt nicht im Licht, sondern schaut auf das Spielfeld, das beleuchtet ist. Wie verzaubert wirken die Spieler, sie haben nicht einen, sondern dank der Scheinwerfer mehrere schwache Schatten. Manche Teams gelten als Könige solcher Schattenspiele, sind nahezu unschlagbar unter Flutlicht. Die Atmosphäre erzählt von einem Licht, das nicht so tut, als gebe es keine Nacht im Leben. Es leuchtet aber in der Finsternis. Wundersame Dinge können geschehen, sodass man sich selbst manchmal wie aufgefrischt fühlt, unbesiegbar. Seiner finsteren Gedanken muss sich niemand schämen, ist es doch die Nacht, die das außergewöhnlich schöne Licht zum Vorschein bringt. Es erzählt von einer Hoffnung, die nicht nur im Stadion gilt: „Das Volk, das im Finstern wandelt, sieht ein großes Licht, und über denen, die da wohnen in finstern Lande, scheint es hell." (Jesaja 9,1)

16. Befund

Niedriger Blutdruck

DER FROMME FUSSBALLAPOTHEKER RÄT:

Konzentriere dich auf den Strafraum, wo Gefahr herrscht und Faszinierendes geschieht. Der Raum erinnert an das Allerheiligste im Tempel, wo Jesaja einmal Engel und erschreckend schöne Dinge sah: „Und die Schwellen bebten von der Stimme ihres Rufens, und das Haus ward voll Rauch." (Jesaja 6,4)

„Ich versuche es ja immer wieder." Der Kunde spricht schleppend. Gerade erst hatte ich die Apotheke geöffnet. Schon kam ein Paar zur Tür herein, die Frau zuerst. Offenbar ist sie es, die den Kunden zum Besuch ermuntert hat. Ihr ungeduldiger Blick scheint zu sagen: Kannst du nicht schneller reden! Schon ahne ich den Befund: Niedriger Blutdruck. Der Kreislauf gerät nur schwer in Schwung. Ein Prinzip der Fußballapotheke lautet: Ich kümmere mich weniger um Angehörige, sondern ergreife Partei für die Betroffenen. Ich bitte die Begleiterin hinaus – bei so viel sprühender Energie wird sie unterdessen gewiss anderes erledigen können.

Ich erkundige mich, ob der Kunde den Befund

überhaupt als Leiden sieht. „Eigentlich nicht. Nur bin ich eben morgens nicht gleich voll da." Auch sonst reagiere er gemächlicher, was nicht ihn, sondern eher andere vor Probleme stelle. Einen Wunsch habe er freilich schon, verrät er. Er liebe die Begeisterung, er fiebere oft mit – nur würden andere das nicht bemerken, ihn als kühl und nüchtern einstufen. „Geh doch endlich mal aus dir heraus", müsse er sich sagen lassen. Das aber sei albern, man könne Leidenschaft doch nicht einfach aufs Gesicht malen. Ich gebe den Rat: „Gehen Sie in ein Heiligtum." Das belebe ihn kaum, wehrt er ab. Da spiele sich in der Kirche vorne etwas ab, das beruhigend wirke – aber Ruhe habe er ja schon genug! Er dürstet nach einem Fieber, das in Schwindel versetze, das Blut zum Pulsieren bringe.

„Dann gehen Sie ins Stadion", präzisiere ich meinen Rat. Schließlich lässt sich auch ein Fußballtempel als Heiligtum betrachten. Und der Blick ins Allerheiligste hebt den Blutdruck. Gemeint ist der Bezirk vor dem Tor. Wenn der Ball in den Strafraum kommt, kann jeden Augenblick das große Glück geschehen. Für die verteidigende Mannschaft aber herrscht Gefahr, weil sie ein Tor verhindern will. Der Raum hat klar markierte Grenzen, nicht anders als das Allerheiligste im Tempel zu Jerusalem: Das war ein Würfel mit einer Kantenlänge von zehn Metern. Nicht jeder durfte hinein. Wie auch für den Sechzehner Sonderregeln gelten: Der Torhüter darf – als einziger – den Ball mit der Hand spielen.

Im Strafraum kann geschehen, was die Sportreporter so beschreiben. „Es brennt lichterloh." Zuschauer erheben sich von den Plätzen, wenn der Stürmer mit dem Ball ins Allerheiligste eindringt. Da steht jedem das Fieber ins Gesicht geschrieben. Das Blut pocht, da sind Lachen, Angst und Zittern. Hoffnung wandert über die Gesichter. So erlebte es auch einst Jesaja, als er im Allerheiligsten war – da war ein Glühen, erzählt er, dazu sah er Engel schweben, es war ein Augenblick voll fantastischer Emotionen: „Und die Schwellen bebten von der Stimme ihres Rufens, und das Haus ward voll Rauch." (Jesaja 6,4)

⚽

17. Befund

Verrückte Ideen

DER FROMME FUSSBALLAPOTHEKER RÄT:

Lass dich von den Torhütern inspirieren. Bei ihnen handelt es sich oft um Exzentriker und bunte Vögel. Sie lassen etwas von jenem Narrentum erahnen, das die Bibel göttlich nennt. „Denn die Torheit Gottes ist weiser, als die Menschen sind, und die Schwachheit Gottes ist stärker, als die Menschen sind."

(1. Korinther 1,25)

Vor der Apotheke sehe ich eine kleine Gruppe stehen. Auf einen von ihnen wird eingeredet, man weist zu meinem Schaufenster, in dem Fußbälle und Medikamente ausliegen. Die Medikamentenpackungen sind übrigens Placebos, bedruckt mit Vereinsemblemen und innen leer. Jetzt wollen sie ihn zur Apothekentür zerren. Ich ahne den Befund. Mein weißer Kittel ist jetzt hinderlich, ich ziehe ihn aus und gehe auf die Gruppe zu: „Kann ich helfen?"

„Ich mache, was ich will, da bekommt mich niemand rein!", sagt der, den die andern offenbar beruhigen wollen. Die anderen: „Aber das ist doch nicht normal! Musst du dich denn gegen alles wehren?"

Ich ziehe meine Fan-Zipfelmütze auf: „Wollen Sie mit mir paar Schritte gehen?", frage ich den, der in den Augen der anderen nicht ganz richtig tickt. Der Angesprochene schaut auf meine ungewöhnliche Kopfbedeckung und nickt. Wir spazieren durch den Park, denn ich weiß: Manche mögen keine geschlossenen Räume, sondern Weite, Luft und Freiheit. „Ich will schon dazugehören", erläutert mein Spazier-Gefährte. „Aber die meisten wundern sich über meine Einfälle. Viele schweigen, schauen ratlos, lachen, schütteln den Kopf."

Das hat sicher jeder schon erlebt. Wer seiner eigenen Stimme folgt und Besonderes entdeckt, erntet oft Widerstand. „Gehen Sie ins Stadion", sage ich. „Ist das ein geschlossener Raum?", fragt er. „Nein, nein", beruhige ich. „Gehen Sie in eines, dessen Dach nicht zugefahren wird. Dort haben Sie den freien Blick zum Himmel." Der Kunde zögert, dann lächelt er und nickt: „Weil Sie diese Zipfelmütze tragen!" Ich gebe ihm als Auftrag mit: „Schauen Sie, welcher Spieler Ihnen am besten gefällt."

Eine Woche später treffen wir uns wieder im Park – bei den Schachfiguren. Er hat dem schwarzen

Springer einen bunten Fanschal umgebunden. „Der Torwart!", antwortet er sofort, als ob seit unserem letzten Gespräch keine Zeit vergangen wäre: „Der hat besondere Kleidung an, nimmt die Hand zu Hilfe – und darf trotzdem weiterspielen! Die Zuschauer rufen seinen Namen, viele Spieler klopfen ihm auf die Schulter. Er gehört zum Team und darf doch anders sein." Ich erzähle Anekdoten aus der Fußballgeschichte: Ein Torwart wollte einmal per Hechtsprung Enten fangen, die sich auf dem Spielfeld verirrt hatten. Ein anderer verließ ständig das Tor, wieder ein anderer wehrte den Ball im Handstand ab.

Torhüter haben eine schwere Ausgangsposition: Machen sie Fehler, fällt schnell ein Tor. Dann gelten sie als schwach. Aber sie leisten zuweilen kaum Menschenmögliches. Man spricht von Wundertaten, die eine Freiheit göttlichen Charakters erahnen lassen. „Denn die Torheit Gottes ist weiser, als die Menschen sind, und die Schwachheit Gottes ist stärker, als die Menschen sind. (1. Korinther 1,25)

18. Befund

Entscheidungsschwäche

DER FROMME FUSSBALLAPOTHEKER RÄT:

Nimm dir als Vorbild den Spieler, der forsch zum Elfmeter antritt, zu einer entscheidenden Möglichkeit, die es nicht nur beim Fußball gibt. Ähnlich beherzt ist Jesajas Reaktion auf Gottes Frage: „Wen soll ich senden? Wer will unser Bote sein?" Jesaja aber sprach: „Hier bin ich, sende mich!" (Jesaja 6,8)

Manche Kunden kontaktieren die Fußballapotheke über Internet. Einer etwa schreibt per Mail: „Ich möchte, falls es möglich ist, bei Ihnen vorbeikommen. Bitte geben Sie mir eine Auswahl an Terminen, dann werde ich schauen, was von meiner Seite aus möglich ist." Bei solchen Anfragen ahne ich: Bis der Termin vereinbart ist, kann es länger dauern. Und in der Tat: „An allen von Ihnen vorgeschlagenen Terminen kann ich nicht", erhalte ich als Antwort. Auf erneute Terminvorschläge kommt lange keine Reaktion. Schließlich: „Momentan habe ich viel zu tun." Das wirkt unwirsch, zugleich bittet der Absender darum, das Eintreffen seiner Antwort zu bestätigen.

Ein schwieriger Fall! Plötzlich, Wochen später, ein

Anruf: „Ich bin in fünf Minuten bei Ihnen!" Fünf Minuten später: Niemand kommt. Am nächsten Tag steht der Kunde in der Apotheke, endlich hat er es geschafft. Diagnose? Unentschlossenheit. In dem Augenblick, in dem man sich doch eigentlich entschieden hat, erwägt man noch einmal eine andere Möglichkeit. Das hat womöglich auch mit der Angst zu tun, sich zu blamieren oder zu versagen. So entsteht ein Hin und Her, bis die Chance verstrichen ist. Dabei kann es begeistern, den Sprung zu wagen, sich auch gegen etwas zu entscheiden. Man übernimmt Verantwortung, kostet den schönen Moment aus, die prickelnde Gefahr, zugleich die Aussicht auf Erfolg. Ich frage den Kunden nichts, sage nichts, überreiche ihm einfach eine Karte fürs Stadion: „Sie gehört zur Therapie." Wenn ich könnte, würde ich nun den Schiedsrichter bestechen. Aber so hoch sind die Einkünfte eines Fußballapothekers nicht, denn in den Therapiekosten ist eben oft auch eine Stadionkarte enthalten – oft sind es gleich zwei: Dann muss der Therapeut den Klienten begleiten. Häufig schlägt die Therapie gleich beim ersersten Spiel an – auch in diesem Fall: Jubel brandet auf, ein Spieler dringt in den Strafraum ein, gerät ins Straucheln: Foul oder nicht? Der Schiedsrichter pfeift – auch ohne mein Bestechungsgeld: Elfmeter! Ich hüpfe, juble – nicht nur über die Chance zum Tor, sondern weil mein Kunde eine heilsame Lektion erhält.

Mit großen Augen schaut er zu: Nun muss es sein – es geht nicht anders. Forsch tritt der Spieler an und schießt – Tor! Aber was wäre gewesen, wenn er nicht getroffen hätte? Egal. Es musste sein, es ging nicht anders. Denn wer zu lange zögert, verpasst die Möglichkeit, ein anderer tritt an. Also reagiere entschlossen wie einst Jesaja auf die Frage Gottes: „Wen soll ich senden? Wer will unser Bote sein? Ich aber sprach: Hier bin ich, sende mich!" (Jesaja 6,8)

19. Befund

Kopfweh

DER FROMME FUSSBALLAPOTHEKER RÄT:

Achte darauf, wie Spieler den Ball lupfen. Auch eine Bogenlampe lässt die Erdenschwere vergessen, der Kopf wird leicht. Der schwebende Ball kann eine Spur des himmlischen Gottes sein, von dem es heißt: „Er fuhr auf dem Cherub und flog daher, er schwebte auf den Fittichen des Windes." (Psalm 18,11)

Viele Kunden, die in die Apotheke kommen, haben eine Hand an ihren Hals gelegt. Sie drücken auf die Wirbelsäule, versuchen ihre Schultern zu lockern. „Der Kopf fühlt sich an, als ob ich einen Medizinball schleppen müsste." Verspannungen übertragen sich leicht auf die Umgebung. Ich merke, wie auch mein Hals zu verkrampfen droht. Rasch rate ich dem Kunden: „Die passende Medizin ist rund!" „Nein! Nur das nicht!" Die Reaktion des Kunden ist heftig wie ein Pressschlag beim Fußball: „Ich will keine Kopfschmerztablette. Die dämpft und macht den Kopf nicht wirklich leicht."

Ich präzisiere den Rat: Die Medizin ist nicht flach wie eine Tablette, sie wird auch nicht geschluckt. Was dem schmerzenden Kopf helfen kann, ist eine Kugel. Dann schicke ich den Kunden ins Stadion. Er zögert, glaubt nicht an die Wirkung der Medizin: Im Stadion herrsche doch Getöse und Zigarettenqualm, man sei Hitze oder Kälte meist ungeschützt ausgeliefert. Aber bei der Dosierung lasse ich nicht mit mir handeln, denn ein Hallenfußballspiel oder eine Fernsehübertragung schwäche die Wirkung der Medizin ernorm. Natürlich erscheint bei Kopfweh das Liegen in abgedunkelten und wohltemperierten Räumen plausibler. Der Gang ins Stadion jedoch ist befreiend fröhlicher. Dort kann man flügelleichte Momente erleben. Schon die Spannung des Spiels lenkt davon ab, sich ständig um das eigene Kopfweh zu kümmern. Vor allem aber heilen schwebende Momente. Sie entstehen, wenn die Kugel fliegt. Federweich wird das Kopfweh weggestreichelt – gerade dann, wenn ein Fußballkünstler den Ball bestimmt und trotzdem sanft auf eine weite Reise schickt. Die Luft scheint den Ball zu tragen, weit fliegt er über den Platz. Wenn ein Spieler den Ball am anderen Ende des Feldes in den Lauf gespielt bekommt, wirkt das wie ein Wunder, das die Erdenschwere vergessen lässt. Das Raunen der Zuschauer ist wie ein Verneigen vor dieser Kunst des Passens, wirkt wie ein Moment der Ruhe und gleicht einer fingerleichten, zärtlichen Massage für schmerzende Köpfe.

Manchmal beschreibt der Ball auch eine Bogenlampe, für Sekunden scheint er im Himmel zu sein. Selbst Zuschauer mit versteiften Hälsen folgen der Kurve des Balls, der Kopf kann sich also doch noch bewegen! Sie ahnen einen Hauch der Leichtigkeit Gottes, des Himmlischen, von dem es heißt: „Und er fuhr auf dem Cherub und flog daher, er schwebte auf den Fittichen des Windes." (Psalm 18,11)

20. Befund

Unterzuckerung

DER FROMME FUSSBALLAPOTHEKER RÄT:

Das Fußballspiel erinnert daran, dass der Lebensweg auch Durststrecken kennt. Im Stadion lernst du, auf Pausennahrung zu achten. Sie kann dem Geschenk eines Engels gleichen – wie damals, als Prophet Elia erschöpft und müde in der Wüste war. Ein Engel versorgte ihn mit Proviant und sprach: „Iss und trink, denn du hast einen weiten Weg vor dir." (1. Könige 19,5)

Unterzuckerung droht vor allem Diabetikern, trifft jedoch mitunter auch jene, die einen hohen Stoffwechsel haben. Im Grunde kann es also jeden erwischen. Wenn man großen Hunger oder Durst verspürt, wird einem leicht schummrig vor den Augen, dazu kann Schwindel treten. Bei Unterzuckerung droht Ohnmacht. Es gibt Gurus, Ärzte und Ernährungswissenschaftler, die detaillierte Vorschriften erstellen, um Gesundheit, Fitness, Spaß und ein langes Leben zu erreichen. Wenn Kunden zu mir in die Fußballapotheke kommen, die Schwächeanfälle und Unterzuckerung kennen, antworte ich nicht im Stil der Ernährungswissenschaft. Stattdessen vertraue ich auf die fromme Hilfe, die der Fußball geben kann.

Im Stadion erlebt man, dass Essen mehr als reine Nahrungszufuhr ist. Sonst könnte man sich ja auch irgendwelche Pulver mit Vitaminen oder Mineralien zuführen. In meiner Apotheke gibt es das nicht. Denn nicht nur der Körper, sondern der ganze Mensch braucht das Gefühl von Sättigung. Essen ist mehr als die Summe wichtiger Inhaltsstoffe, sondern kann zum Sinnbild werden: Es ist der Proviant für die Reise durchs Leben. Man macht Pause, schöpft neue Kräfte. Es gleicht einer Oase, dank der man sich erholen kann.

Ein Fußballspiel ähnelt dem Lebensweg, es zehrt an Geduld und Kräften, man bekommt Durst und Hunger – und vor lauter Spannung merkt man es manchmal nicht. Deswegen gibt es die Rast! Jedes Spiel hat eine Pause. Diese schöne, strenge Regel ist ein Glücksgriff bei drohender Unterzuckerung. Die Unterbrechung, die zum Essen lädt, bietet Sicherheit. In Ohnmacht dagegen fällt, wer niemals rastet, er hält das Spiel nicht durch, verliert die Lust weiterzumachen. Die Spieler versammeln sich also nach dem Pfiff des Schiedsrichters in den Kabinen zum Pausentee. Das alte Wort gibt es immer noch, selbst wenn inzwischen kaum noch Tee getrunken wird. Die Zuschauer wiederum stärken sich jetzt an ihrer Lieblingswürstchenbude. Viele besuchen Fußballspiele nicht zuletzt deshalb, weil sie sich auf die Bratwurst in der Pause freuen. „Nirgendwo schmeckt sie so gut wie hier", sagen sie. Das Essen in der Pause ist nötig, weil man nicht weiß, was noch kommt. Der Fortgang des Spiels ist offen – dafür braucht es starke Nerven. Essen kann beruhigen. Es lässt immer wieder neuen Anlauf nehmen. Dann kommen die Spieler aus der Kabine und auch die Fans sind bereit, in die zweite Halbzeit aufzubrechen. Sie ähneln in diesem Augenblick Elia, dem ein Essen beschert wurde, als er vor Schwäche fast ohnmächtig war. Da besuchte ihn ein Engel, servierte einen Krug Wasser und geröstetes Brot und sprach zu ihm: „Iss und trink, denn du hast einen weiten Weg vor dir." (1. Könige 19,5)

21. Befund

Wunsch nach Anlehnung

DER FROMME FUSSBALLAPOTHEKER RÄT:

Bedenke die Rolle von Trainern. Sie legen in dir dein Können frei, formen dich und weisen einen Weg. In ihnen kann man manchmal die Kraft Gottes ahnen, der von sich sagt: „Ich bin der Herr, dein Gott, der dich lehrt, was dir hilft, und dich leitet auf dem Wege, den du gehst." (Jesaja 48,17)

Viele Kunden der Fußballapotheke leiden gar nicht so sehr unter ihren Beschwerden selbst, sondern dass sie Wochen, Monate oder Jahre brauchen, bis sie sich trauen, nach Hilfe zu fragen. Sie denken erst einmal: „Ich werde es alleine schaffen." Natürlich trägt jeder Mensch in sich große Fähigkeiten. Das Problem: Manchmal ist das Wissen um deren Handhabung verlorengegangen: „Ich kann viel – aber ich kann es nicht abrufen", sagt einer, der den Weg in die Fußballapotheke gefunden hat. *Sein Können abrufen –* diese Formulierung ist in der Welt des Sports üblich. Womöglich deshalb hat der Hilfesuchende ausgerechnet eine Fußballapotheke als Anlaufstelle gewählt.

„Das ist kein schlimmer Befund", sage ich. Niemand ist schwach, der den Wunsch nach Anlehnung verspürt. Künstler, Manager, große Persönlichkeiten haben Ratgeber. Und Sportler einen Trainer – das bedeutet nicht, schwach und klein zu sein, sondern bewirkt das Gegenteil. Trainer helfen, sich der eigenen Größe bewusst zu werden. „Gehen Sie ins Fußballstadion", rate ich. Dort wird klar: Ohne Trainer geht es kaum. Selbst wenn ein Coach ruhig sitzt, leitet er die Mannschaft. Nach Toren springt er auf – dann läuft der Schütze manchmal auf ihn zu, zeigt auf ihn und fällt ihm in die Arme. Das belegt: Der Coach muss die Hand im Spiel gehabt haben, dass der Spieler an sein Können glaubte. Allerdings passt nicht jeder Trainer zu jedem Spieler. Deshalb folgen Spieler manchmal ihrem Lieblingscoach, wenn er zu einem anderen Verein weiterzieht. Damit signalisieren die Schützlinge: Sie brauchen jemanden, an den sie sich anlehnen können, weil er an ihr Können glaubt. Das ist keine Bequemlichkeit. Denn ein Coach fordert auch – das Wort Trainer kommt schließlich von Training. Der beste Coach ist der, der hilft, den ureigenen Weg zu gehen.

Es kann auch zu Streit und Reibereien zwischen Trainer und Spielern kommen. Dann wird der Übungsleiter bald angezweifelt. Man sollte den Trainer aber nicht zu rasch feuern. Längst ist nachgewiesen: Der hektisch eingeleitete Trainerwechsel hilft nicht immer, Treue bringt oft mehr. Trainer jedenfalls können das Gute im Menschen hervorlocken, hervorstreicheln oder in Auseinandersetzungen abrufen. Sie leiten Spieler an, man lehnt sich an sie an, sie helfen, den eigenen Pfad zu finden. Sie können auf die Kraft Gottes verweisen, der von sich sagt: „Ich bin der Herr, dein Gott, der dich lehrt, was dir hilft, und dich leitet auf dem Wege, den du gehst." (Jesaja 48,17)

22. Befund

Fehlende Kondition

DER FROMME FUSSBALLAPOTHEKER RÄT:

Wenn dir Kräfte fehlen, gib nicht auf. Achte auf den Spieler, der spät eingewechselt wird, weil er vielleicht nicht genügend Kondition besitzt. Er kann dem Spiel einer müden Mannschaft neue Impulse geben. Die Einwechslung gleicht einer Botschaft Gottes, der sagt: „Ich will die Müden erquicken und die Verschmachtenden sättigen." (Jeremia 31,25)

„Alles wäre besser, wenn ich kräftiger wäre." Kunden, die das sagen, sitzen meist leicht vornübergebeugt bei mir in der Fußballapotheke. Sie wirken müde. „Kurz vor dem Ziel geht mir die Luft aus", sagen sie. Oder: „Ich kann nur noch kleine Wege gehen." Die anderen alle seien dagegen unendlich kraftvoll, ständig auf Achse: „Die schaffen alles, was sie wollen." Diese Kunden schauen gern in jene Zeit zurück, als sie vor Kraft strotzten. Und sie gucken mir flehentlich in die Augen, weil sie hoffen: Ich gebe ihnen einen Tipp, mit welchem Training sie bald schon wieder an die Spitze gelangen. Als frommer, dem Sport zugewandter Apotheker könnte ich ihnen natürlich eine Art spirituellen Konditionskurs verschreiben. Auch vorstellbar, dass ich auf Weichboden und Hanteln im Gymnastikraum der Apotheke verweise. Gleich könnten sie loslegen und schwitzen, um sich irgendwann später vielleicht wieder einmal gleichwertig zu fühlen.

Die von mir gewählte Therapie allerdings ist ganz anders. Das liegt daran, dass ich die Eigendiagnose der Kunden nicht teile: Nicht mangelnde Kondition hindert sie an frischen Taten. Das Problem stattdessen: Sie machen ihr Handeln von einem konditionellen Zustand abhängig, der für sie grundsätzlich in der Zukunft liegt. Erst dann seien sie wieder tatkräftig, glauben sie.

Ich ordne überhaupt kein Training an, sondern sage: „Gehen Sie ins Stadion!" Oft genügt ein Spiel, damit die Kunden bemerken: Auch Menschen, die nicht voll bei Kräften sind, können dem Spiel eine neue Richtung geben. Es sind Joker, deren Kondition nicht für neunzig Minuten reicht. Der Eingewechselte konzentriert seine Möglichkeiten auf die letzten Minuten des Spiels. Mit Flankenläufen sorgt er für Belebung, womit er seine Teamkollegen anfeuert.

Zum Ende des Spiels weht ein frischer Wind. Er belebt auch die, die sich von Anfang an auf dem Spielfeld befinden. Manchmal hat der Joker den richtigen Riecher und locht kurz vor Schluss den Ball zum entscheidenden Tor ein. An ihnen wird klar: Es ist der beste Beweis, dass man auch in nicht allerbester Verfassung viel bewirken und selbst denen Hoffnung geben kann, die lange vergeblich gelaufen sind. Die Kraft, die ein Joker einem Spiel verleihen kann, erinnert an ein Versprechen Gottes. Er hat ein Auge für die, die nicht alles können: „Ich will die Müden erquicken und die Verschmachtenden sättigen." (Jeremia 31,25)

23. Befund

Sehnsucht nach Vollendung

DER FROMME FUSSBALLAPOTHEKER RÄT:

Vieles im Leben ist nur Stückwerk, darum genieße im Stadion jedes Tor, das Glück voll aus! Der Ball im Netz kann eine Vorahnung der Vollendung sein, von der es heißt: „Wenn aber kommen wird das Vollkommene, wird das Stückwerk aufhören."
(1. Korinther 13,10)

Mit verträumtem Blick kommen sie in die Apotheke: Sie haben Sehnsucht, die sich nur selten stillen lässt, erzählen sie. Immer wieder flamme sie auf. Diese Kunden wirken etwas unruhig – es sind keine fröhlichen Träumer, sie wirken eher leicht verschämt. Sie erhoffen sich ein Medikament, mit dem sie sich mit der Realität arrangieren können, egal ob das Leben gut, mittelprächtig oder schlecht verläuft. „Sehnsucht ist doch keine Krankheit und kein Makel!", erwidere ich. „Aber sie tut oft weh", wenden die Kunden ein. Das sagen sie freilich schon viel ruhiger. Denn in der Fußballapotheke muss sich niemand dafür rechtfertigen, wenn er auf Großes und unendlich Schönes hofft.

Natürlich ist das Leben Stückwerk, das bestreite ich nicht. Schon der Apostel Paulus hat das gesagt. Auch er verknüpfte Glaube und Sport. Die Ewigkeit verglich er etwa mit dem Siegeskranz, den der Gewinner beim Laufen auf der Rennbahn erhält. Das Leben ähnelt einem Puzzlebild, dem immer einige Teile fehlen. Deshalb ist es ganz natürlich, Sehnsucht nach Vollendung zu haben. Der Wunsch, das Bild ganz zu sehen, ist ein guter und frommer Wunsch. Deshalb gilt: Trainiere dir die Sehnsucht niemals ab! Lieber sollte man Augenblicke sammeln, die eine Ahnung vom Rausch der Vollendung geben. „Die Sehnsucht findet ein Zuhause im Stadion." So leite ich die Therapie ein, die die Träumer zum nächsten Fußballspiel schickt. Dort können sie sich unter die mischen, die das Hoffen auf die Spitze treiben. Die Sehnsucht trägt den Ball ins Tor – und genau in diesem Augenblick erscheint das Puzzle vollendet, ist die Sehnsucht am Ziel und aller Schmerz fällt ab. Sehnen und Erfüllung kommen für einen fantastischen Moment zusammen. Wieso sollte man sich nicht nach Vollendung sehnen, wenn bereits der ekstatische Torjubel so herrlich ist?

Beim Fußball muss sich niemand seiner Sehnsucht schämen. Im Stadion hat der Wunsch nach Vollkommenheit Heimatrecht. Das merkt man selbst dann, wenn keine Tore fallen. Denn die Hoffnung kommt dann nicht recht frei, staut sich an, was beweist: Lattentreffer und vergebene Großchancen sind schön, doch sie verweisen immer auch auf das große, letzte, tiefe Glück. Einmal erlebte ich ein Stadion voll fröhlicher Sehnsucht nach Vollendung. Ein Torjäger hatte Spiel um Spiel nicht getroffen, obwohl er wunderbare Chancen besaß. Das Ungewöhnliche geschah – die Fans pfiffen nicht, sondern feierten den Torjäger ohne Torerfolg. Und dann? Ihm gelang ein unglaublich kurioser Treffer. Ohne zum Tor zu schauen, mit dem Hinterkopf war er erfolgreich, was den Glücksrausch der Fans auf den Gipfel trieb. Es war ein Vorgeschmack jener Zeit, von der der Apostel Paulus sagt: „Wenn aber kommen wird das Vollkommene, wird das Stückwerk aufhören." (1. Korinther 13,10)

24. Befund

Minderwertigkeitsgefühle

DER FROMME FUSSBALLAPOTHEKER RÄT:

Im Stadion merkst du, welch große Bedeutung du hast. Du bist kein Mensch im Hintergrund. Denn durch die Zuschauer wird das Spiel überhaupt erst zum Spiel. Wenn Farbe, Fans und Begeisterung fehlen, agieren die Mannschaften vor einer Geisterkulisse. Im Stadion ist Gottes Antwort auf Minderwertigkeitsgefühle zu spüren, die da lautet: „Meine Kraft ist in den Schwachen mächtig."

(2. Korinther 12,9)

Selbst Alphatiere, Macher und vermeintliche Alles-Könner erleben es: Sie stehen plötzlich nicht mehr im Mittelpunkt, sondern fühlen sich im Abseits. Andere erleben das nicht nur manchmal, sondern oft: Sie glauben, nicht sonderlich viel wert zu sein. Alles geschieht ohne sie, denken sie. „Ich halte Sie bestimmt von etwas Wichtigem ab?", sagt ein Kunde zu mir in der Apotheke. So klein denkt er von sich. In luxuriöse Sessel würde er sich kaum niederlassen. Aber in meiner Apotheke gibt es zum Glück keine Sessel. Ich berate meine Kunden in Schalensitzen, die an die Tribünensitze im Fußballstadion erinnern.

Ich reiche dem Kunden ein Sitzkissen, sodass er gleich weiß: „Ich bin nicht nur gelitten!" Er scheint erstaunt, weil er kein gemütliches Sitzen erwartet hat, sondern eher ein Trainingsprogramm, womöglich auch einen mehrwöchigen Klinikaufenthalt mit täglicher Verhaltenstherapie. Stattdessen schicke ich ihn vom Schalensitz meiner Apotheke weiter in Richtung Stadion: „Die Therapie dauert neunzig Minuten." Bevor er die Apotheke verlässt, vereinbaren wir allerdings noch einen Folgetermin. Eine Woche später kommt der eben noch Gebeugte, Vorsichtige und Schwächelnde lockeren Schritts in den Laden. Schwungvoll lässt er sich in den Schalensitz plumpsen. „Ich dachte, als ich auf der Tribüne saß: O je! Da bin ich also wieder nur am Rand." Dann aber sei ihm aufgefallen: Am Anfang und Ende und auch während des Spiels schauen die Fußballer immer wieder einmal zu den Tribünen hinauf. Sie bedanken sich, klatschen Beifall, manchmal feuern sie die Fans auch an – also nicht nur die Fans die Spieler. „Das wirkt wie ein Gespräch, ein Wechselspiel." Ich freue mich über den Bericht: Der fromme Fußballapothekentipp scheint ein Volltreffer gewesen zu sein. Die vermeintlichen Nebenfiguren sind eben wichtig! Das merkt man auch, wenn die Zuschauer im Stadion fehlen. Solche Geisterspiele gab es schon einige. Nur die Spieler selbst samt weniger Funktionäre befanden sich dann im Stadion. „So etwas wollen wir nie mehr erleben", kommentieren die Akteure später völlig deprimiert. Aus Ärger über schwache Leistungen des geliebten Teams kann es auch schon mal dazu kommen, dass die Fans 20 Minuten schweigen. „Wir wussten einfach nicht, was wir tun sollten", sagen die Spieler danach. Da fühlen sich auf einmal die Großverdiener auf dem Rasen minderwertig. Die Fans, der sogenannte zwölfte Mann der Mannschaft, ist eben oft die Nummer eins. Das gilt nicht nur im Sport, sondern auch sonst im Leben. Es ist ein Prinzip, dass man göttlich nennen kann. Denn Gott, der Mächtige, sagt: „Meine Kraft ist in den Schwachen mächtig." (2. Korinther 12,9)

25. Befund

Verspannung

DER FROMME FUSSBALLAPOTHEKER RÄT:

Tobe dich im Stadion aus, fiebere und leide mit bis ganz zum Ende: Der Abpfiff kann befreiend sein. Er ist das Ende, das die Spannungen löst. Im Augenblick des Abpfiffs kannst du etwas von der Größe Gottes ahnen, der sagt: „Ich bin das A und das O, der Erste und der Letzte, der Anfang und das Ende."
(Offenbarung 22,13)

Manchmal habe ich genug. Ich liebe meinen Beruf und helfe gern. Irgendwann jedoch schaue ich auch auf die Uhr, spüre Verspannungen in Schulter oder Rücken. Der Kopf brummt. Jetzt könnte ich selbst mal einen Tipp von einem Fußballapotheker gebrauchen. Das Leiden ist verbreitet: Man wünscht den Schluss herbei, sehnt sich danach, dass sich die Anspannung löst, damit es zu einem neuen Anfang kommen kann.

Viele Erschöpfte kommen in die Apotheke. Wenn ich dann selbst erschöpft bin am Ende eines langen Tages, bin ich auch nicht mehr in der Lage, die Therapie mit den Worten einzuleiten: „Gehen Sie ins

Stadion!" Stattdessen sage ich: „Gehen wir gemeinsam ins Stadion." Worauf gilt es dann zu achten? Auf einen Pfiff. Auf welchen? Es ist der letzte. Zuvor jedoch fiebern wir auf den Rängen mit. Das Spiel ist wieder einmal ein Bild für unsere Hoffnungen, ein Echo unserer Niederlagen, ein Wegweiser für die Lust am Zusammenspiel, eine Ermunterung, mit dem Kämpfen nicht aufzuhören. Aus ihm spricht immer neu der Wunsch nach Glück. Im Augenblick der höchsten Spannung gibt es auf den Rängen weder Freund noch Feind, Arm noch Reich, Alt noch Jung, Apotheker noch Klient, Ratgeber noch Ratsuchender. Unterschiede dürfen bleiben, bringen das Spiel überhaupt erst in Gang, weil es sonst keine zwei Teams gäbe. Und doch macht das Spiel alle eins, verbindet und vereint. Zum Ende des Matchs hin steigt die Erschöpfung nicht nur bei den Spielern. Die Stimmbänder sind heiser, man kann kaum noch stehen oder ist vom wiederholten Aufspringen und Hüpfen müde geworden. So sehnt man das Ende herbei – besonders dann, wenn die eigene Mannschaft knapp in Führung liegt und der Gegner drängt. Der Schiedsrichter muss nur noch pfeifen, zum letzten Mal, dann wird das Große beginnen: das Schöne, Befreiende, Erlösende.

Der Rasen ist umgepflügt, müde ist man vom
Warten – und hofft auf das Ende. Und dann:
Der Pfiff – es ist das Ende! Erleichterung,
ein Jubel löst sich, der kein Ende
kennt. Alle Blockaden sind ge-
löst, man fühlt sich frei. Vergeblich haben die Gegner versucht, das Spiel zu drehen.
Doch auch für sie kann das Ende
eine Lösung sein, viel- leicht sogar so etwas wie Erlösung. Es ist
vorbei. Ein riesiges Aufatmen
geht durchs Stadion. Das Ende fühlt
sich wie eine Aussicht an, ohne die nichts
Neues beginnen kann, alles ist umfasst und
aufgehoben: Hoffnung, Sehnsucht, Enttäuschung,
Niederlagen, fantastische schöne Momente, Erschöpfung – der tapfere Lebenskampf. Das Spiel als
Anhauch Gottes, der von sich sagt: „Ich bin das A
und das O, der Erste und der Letzte, der Anfang und
das Ende." (Offenbarung 22,13)

Der Schlusspfiff ist ein göttlicher Augenblick. Nach und nach löst sich die Spannung. Auf beruhigende Weise darf man müde sein. Und die Erschöpften sind vom Spiel des Lebens erholt. So gehen wir. Es wartet das Zuhause.

Bibliografische Information der Deutschen Nationalbibliothek

Die Deutsche Nationalbibliothek verzeichnet diese Publikation
in der Deutschen Nationalbibliografie; detaillierte bibliografische
Daten sind im Internet über <http://dnb.d-nb.de> abrufbar.

© 2010 Echter Verlag GmbH, Würzburg
www.echter-verlag.de

Umschlaggestaltung
Christine Eisner, Würzburg

Gestaltung Innenteil
Peter Hellmund, Würzburg

Druck und Bindung
CPI – Clausen & Bosse, Leck

ISBN 978-3-429-03205-0